L'AGNEAU ET LE CHEVREAU

Viande noble, digeste, maigre et savoureuse: l'agneau se prête docilement à de multiples apprêts et nous livre toute la richesse de son goût qu'on le cuisine rôti ou frit, au four ou grillé, en ragoût ou en fricassée.

Vedette absolue du repas de Pâques, il satisfait le palais sans alourdir l'estomac, en se mariant aux garnitures les plus variées et en donnant souvent des plats uniques à la fois nourrissants et légers.

Dans certaines de nos recettes, l'agneau cède la place au chevreau qui possède un goût plus prononcé et né-

cessite un marinage prolongé, mais tout aussi appétissant.

Bien que nous donnions plusieurs recettes originaires du Maghreb et du Moyen-Orient, nous n'avons indiqué le mouton qu'en option; en outre, nous avons complètement renoncé à la viande de chèvre, très goûteuse mais plus difficile à cuisiner.

Ce tour d'horizon des recettes possibles avec de l'agneau - qui vont des entrées appétissantes aux plats uniques plus robustes - tient compte des différents morceaux de cette viande délicieuse (épaule, gigot, côtelettes, etc.).

L'AVIS DU DIÉTÉTICIEN

L'agneau et le chevreau, très tendres et savoureux, possèdent les mêmes qualités nutritionnelles que les autres viandes: pour 100 grammes de viande, ils offrent 101 kilocalories, 20 grammes de protides, 2,2 grammes de lipides et 1,9 milligrammes de fer.

Ce type de viande n'a par conséquent rien à envier au bœuf ou au porc, ni au veau, en ce qui concerne son apport nutritionnel. Comparé à ceux-ci, il pré-

sente même un avantage qui amène à le considérer comme une viande adaptée au régime alimentaire des sujets dits "délicats", comme les enfants.

Riche en vitamines du groupe B, en fer et en calcium, la viande d'agneau et de chevreau a, en effet, ceci de particulier qu'elle est "hypoallergénique"; c'est-à-dire que sa teneur en substances susceptibles de produire des allergies dans l'organisme des personnes qui

consomment est faible (tout comme la viande de dinde).

Elle est par conséquent conseillée dans les régimes dits "d'élimination" prescrits par certains spécialistes suite à des intoxications et à des allergies cutanées d'origine alimentaire.

D1348002

Pâtes à l'agneau

🍽️⏱️ 15' ⚙️ 50' 4 ✹ Kcal 660 P 30 G 18 ⚖️

Pâtes type "orecchiette", 400 g	Une gousse d'ail	Vin rouge
Viande d'agneau hachée, 250 g	Fromage *pecorino* affiné	Huile d'olive
Tomates mûres, 350 g	(ou *ricotta*)	
Un oignon	Persil et basilic	

Faites cuire les pâtes dans une grande eau bouillante légèrement salée, égouttez-les quand elles sont "al dente". Mélangez-les à la sauce et saupoudrez-les de fromage râpé. Garnissez le plat de feuilles de basilic et servez.

1 Faites revenir une gousse d'ail écrasée dans une sauteuse avec 3-4 c. à soupe d'huile le temps qu'elle se colore (2-3 minutes) puis retirez-la. À la place, mettez la viande et faites-la rissoler quelques minutes. Mouillez-la avec un verre de vin rouge.

2 Laissez le vin s'évaporer puis unissez les tomates (pelées, épépinées et concassées) et un demi-oignon finement émincé. Salez, poivrez et faites cuire sur feu doux le temps que la sauce épaississe. Au dernier moment, ajoutez un brin de persil et de basilic hachés.

*Une autre recette de pâtes: les **Spaghettis à l'agneau**. Mettez 350 g d'agneau à mariner dans du vinaigre avec un oignon et une branche de céleri émincés, quelques grains de poivre, du basilic, du persil et de la sauge. Au bout de 2 heures, égouttez-la. Filtrez la marinade, faites-en rissoler les parties solides avec la viande dans 4-5 c. à soupe d'huile dans une cocotte. Ajoutez les tomates concassées. Laissez mijoter une heure. Une fois que la viande est cuite, hachez-la et remettez-la dans la cocotte. Unissez 2 c. à soupe de crème fraîche, mélangez, attendez encore 5-6 minutes et éteignez.*
Faites cuire 350 g de spaghettis, égouttez-les aux 4/5e de leur temps de cuisson et jetez-les dans la cocotte. Mélangez et laissez-les se parfumer sur feu doux. Dès qu'elles sont cuites à point, servez-les (sans fromage).

Pâtes fraîches à l'agneau

 1h15' +2h 2h 20' [4] ✳✳   Kcal 631 P 28 G 18

Viande d'agneau (ou de mouton) en petits morceaux, 350 g Farine, 450 g	2 tomates mûres 3 courgettes Un demi-oignon Romarin	Une gousse d'ail Huile d'olive

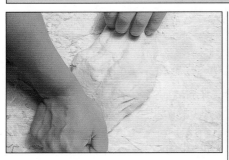

1 Disposez la farine en fontaine sur le plan de travail, versez de l'eau (une petite tasse) au milieu et pétrissez la pâte énergiquement au moins 15 minutes, le temps qu'elle devienne homogène et ferme. Divisez-la en petits morceaux.

3 Entre-temps, nettoyez les légumes Concassez les tomates et coupez le courgettes en rondelles.
Versez 2-3 c. à soupe d'huile dans une sauteuse et faites-y revenir la viande su feu très vif.

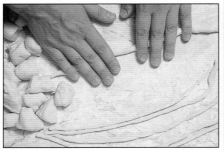

2 Farinez une grande planche en bois, prenez les morceaux de pâte un à un et roulez-les, délicatement et patiemment, de façon à obtenir de gros spaghettis réguliers. Saupoudrez-les légèrement de farine et laissez-les sécher 2 heures sous un linge.

4 Hachez l'oignon et l'ail, faites-les re venir dans une sauteuse avec 3-4 c à soupe d'huile. Unissez les courgette et la viande, faites cuire 2-3' et ajoute les tomates. Laissez mijoter une heure e demie. À mi-cuisson, unissez du roma rin, sel et poivre. Faites cuire les pâte "al dente" et mélangez-les à la sauce.

— 4 —

Soupe paysanne

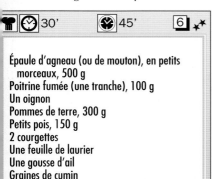

⊞ 🕐 30'   **❁ 45'**   **6** ★★

Épaule d'agneau (ou de mouton), en petits
  morceaux, 500 g
Poitrine fumée (une tranche), 100 g
Un oignon
Pommes de terre, 300 g
Petits pois, 150 g
2 courgettes
Une feuille de laurier
Une gousse d'ail
Graines de cumin
Persil
Crème fraîche

Kcal 506   P 23   G 38

Nettoyez les légumes. Émincez finement l'oignon. Coupez les courgettes et les pommes de terre en dés. Pochez 4-5 minutes les petits pois et les pommes de terre dans une grande eau bouillante puis laissez-les tiédir dans leur eau de cuisson.

Découpez la poitrine en dés et mettez-la à rissoler dans une cocotte avec une goutte d'eau. Quand les lardons sont dorés, ajoutez l'oignon et faites-le fondre sur feu doux. Au bout de 6-7 minutes, unissez la viande et saisissez-la. Ajoutez les courgettes, l'ail écrasé, le laurier, une c. à café de cumin, sel et poivre. Laissez cuire sur feu doux, en remuant, jusqu'à ce que la viande soit bien tendre.

Unissez les pommes de terre et les petits pois avec leur eau de cuisson. Réchauffez la soupe, sans la porter à ébullition. Pour finir, ajoutez une louche de crème fraîche et un brin de persil haché. Mélangez et servez la soupe bien chaude.

Shurba al-Imma

⊞ 🕐 25'   **❁ 30'+30'**   **6** ★★

Viande d'agneau hachée fin, 500 g
Riz, 100 g
2 oignons
2 gousses d'ail
Un blanc d'œuf
Farine
Cannelle en poudre
Persil
Bouillon de légumes
Huile de friture

Kcal 493   P 21   G 33

Pour cette délicieuse soupe libanaise, il faut d'abord préparer un bouillon de légumes. Mettez à cuire à l'eau légèrement salée, pendant une demi-heure, une carotte, un oignon, une branche de céleri et une petite tomate - ou bien utilisez du bouillon en cube - et, pour cette recette, ajoutez une c. à café de cannelle. Conservez-le au chaud.

Mélangez la viande avec l'ail et les oignons finement hachés, le blanc d'œuf, du sel, du poivre et une pincée de cannelle. Façonnez des boulettes de la grosseur d'une noix, farinez-les et faites-les frire à l'huile bien chaude pendant 4-5 minutes. Dès qu'elles sont dorées, sortez-les avec une écumoire, égouttez-les et plongez-les dans le bouillon. Portez le bouillon à ébullition et, au bout de 15 minutes, ajoutez le riz.

Une fois que le riz est cuit servez la soupe bien chaude après l'avoir persillée.

Cevapcici

Viande d'agneau hachée, 500 g	2 oignons et demi (moyens)	Paprika doux
Viande de bœuf hachée, 500 g	Une gousse d'ail	Huile d'olive
Poitrine, 60 g (une tranche)	Un œuf	

1 Épluchez les oignons et hachez-en deux, très très fin. Faites sauter la poitrine dans une goutte d'eau à la poêle puis baissez le feu et ajoutez l'oignon haché et la gousse d'ail écrasée. Laissez-les revenir en remuant sans arrêt.

3 Une fois que le mélange est bien homogène, façonnez des boulettes de 5 cm de long environ. Mettez-les sur un plateau et glissez-les une petite heure au réfrigérateur avant de les cuire.

2 Mixez à petite vitesse le contenu de la poêle en même temps que l'agneau et le bœuf hachés. Transvasez le tout dans un saladier et incorporez-y l'œuf, une c. à soupe de paprika et du sel.

4 Enfilez les boulettes sur des brochettes en bois à une distance d'au moins 5 mm les unes des autres. Après quoi, faites-les griller sur la braise (ou bien au four) en les badigeonnant légèrement d'huile. Garnissez-les de rondelles d'oignon et servez-les avec des frites et de la salade.

Friands à l'agneau

  20' 1h 10' 6 ⋆⋆ Kcal 959 P 47 G 49

Épaule d'agneau désossée, en petits morceaux, 800 g Pâte feuilletée, 250 g	2 oignons nouveaux Fromage *pecorino* (de brebis) en copeaux, 200 g	Fenouil sauvage (ou aneth) Huile d'olive

Nettoyez les oignons, hachez-les menu puis faites-les revenir à la poêle dans 3-4 c. à soupe d'huile.
Ajoutez la viande, salez, poivrez et laissez-la rissoler pendant 5-6 minutes. Hors du feu, incorporez délicatement le fromage et du fenouil ciselé. Abaissez la pâte et divisez- la en 6 carrés que vous en- duirez d'huile. Distribuez

la farce sur les carrés c pâte et scellez les bord Rangez les friands dar un plat à four légèreme huilé.
Faites-les cuire une peti heure au four (160-170°(et servez chaud.

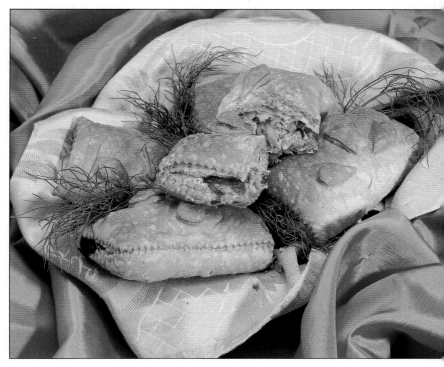

Kebab halabi

D ans une terrine, mettez 3 c. à soupe d'huile, l'oignon haché, 3 c. à café de paprika, sel et poivre. Ajoutez la viande et laissez-la mariner 2 heures.

Le moment venu, égouttez les morceaux de viande (conservez la marinade) et enfilez-les sur des brochettes. Faites griller les kebab sous le gril du four 10-15 minutes, en les retournant souvent.

Entre-temps, concassez les tomates puis faites-les revenir 5 minutes dans une

⏱ 25' +2h ⏱ 25' 4 ✦✦

Viande d'agneau en petits
  morceaux, 800 g
3 tomates mûres
Un oignon
Paprika
2 yaourts nature
Menthe ou persil
Huile d'olive
3-4 pitas (pour servir)

Kcal 723   P 50   G 23

c. à soupe d'huile à la poêle. Ajoutez la marinade et laissez-la épaissir quelques minutes.

Réchauffez les pitas au four et coupez-les en losanges. Dressez-les dans le plat de service et versez la sauce par-dessus. Quand la viande est cuite, retirez-la des brochettes et dressez-la sur les pitas.

Nappez le tout de yaourt et servez sans attendre après avoir parsemé le plat de persil ou de menthe hachés.

Sosaties ▶

Préparez une marinade en émulsionnant le jus de citron et un demi-verre de vin blanc, unissez les oignons finement hachés, les abricots entiers, une pincée de sel et de coriandre, une demi-c. à soupe de curcuma et de poivre et, si vous le désirez, une c. à soupe de sucre. Ajoutez la viande, mélangez et laissez-la mariner une heure.

Égouttez les morceaux de viande (conservez la marinade) et enfilez-les sur des brochettes en intercalant des abricots.

Faites cuire les *sosaties* sur une plaque brûlante ou bien sous le gril du four. Assaisonnez-les avec la marinade et servez-les avec du riz à l'eau et de la salade.

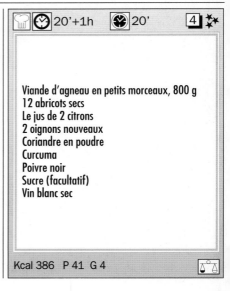

🍲 ⏱ 20'+1h   ❄ 20'   4 ✳

Viande d'agneau en petits morceaux, 800 g
12 abricots secs
Le jus de 2 citrons
2 oignons nouveaux
Coriandre en poudre
Curcuma
Poivre noir
Sucre (facultatif)
Vin blanc sec

Kcal 386 P 41 G 4   ⚖

Ragoût aux tagliatelles

🍲 ⏱ 15'   ❄ 1h   6 ✳

Viande d'agneau en petits morceaux, 700 g
Tagliatelles à l'œuf, 400 g
Coulis de tomate, 300 g
Poitrine maigre (3-4 tranches minces)
3 gousses d'ail
Romarin
Persil
Origan
Un piment rouge
Vin blanc sec
Huile d'olive

Kcal 661 P 35 G 32   ⚖

Voici un plat unique savoureux et original et, qui plus est, assez simple à préparer.

Faites revenir l'ail écrasé et quelques touffes de romarin dans une cocotte avec 4 c. à soupe d'huile. Retirez l'ail dès qu'il se colore, ajoutez la viande, la poitrine émincée, du sel et le piment émietté. Faites rissoler une dizaine de minutes sur feu vif.

Après quoi, mouillez avec un verre de vin et laissez-le s'évaporer, sur feu vif toujours. Unissez le coulis de tomate, une c. à soupe de persil haché et une pincée d'origan. Baissez et faites mijoter une quarantaine de minutes.

Mettez les pâtes à cuire dans une grande eau bouillante légèrement salée (comptez 4-5 minutes). Égouttez-les et assaisonnez-les avec quelques louches de sauce tomate. Servez-les avec la viande.

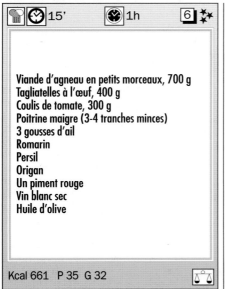

Roulade farcie

Épaule d'agneau désossée (une tranche), 800 g	Une gousse d'ail, un oignon, une carotte	Estragon et persil
Saucisse, 250 g	Mie trempée dans du lait	Vin blanc sec
Petits pois pochés, 150 g	Fromage fondant, 100 g	Bouillon de légumes (voir p. 7)
Un œuf	Parmesan râpé	Huile d'olive

1 Étalez la viande à plat, assaisonnez-la avec du sel, du poivre, une pincée d'estragon et un filet d'huile. Pour la farce: hachez le persil, l'oignon, la carotte, et l'ail puis mélangez-les avec la saucisse émiettée, la mie de pain essorée, l'œuf, le parmesan, du sel et du poivre.

3 Roulez la viande, sans faire sortir la farce, et ficelez-la avec de la ficelle de cuisine en serrant bien.
Faites rissoler la roulade dans une grande cocotte avec 4-5 c. à soupe d'huile en la retournant pour la saisir de toutes parts.

2 Enfin, ajoutez-y les petits pois bien égouttés et le fromage fondant coupé en dés. Mélangez la farce puis déposez-la sur la viande en lui donnant la forme d'un fuseau.

4 Versez un verre de vin, laissez-le s'évaporer, couvrez et laissez cuire 90 min. à petit feu. Au besoin, mouillez la viande avec du bouillon chaud pendant la cuisson. Enfin laissez-la tiédir, déficelez-la et coupez-la en tranches.

Agneau à l'aigre-douce

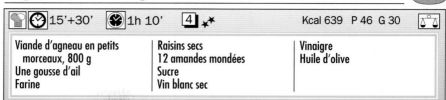

| 🍲⏱ 15'+30' | ⏱ 1h 10' | 4 ★★ | Kcal 639 P 46 G 30 | ⚖ |

| Viande d'agneau en petits morceaux, 800 g
Une gousse d'ail
Farine | Raisins secs
12 amandes mondées
Sucre
Vin blanc sec | Vinaigre
Huile d'olive |

et les amandes hachées. Remuez une dernière fois et, éliminée l'ail, servez. Servez avec une piperade ou des lanières de poivrons grillés au four, débarrassés de leur peau puis assaisonnés d'huile, citron, sel et poivre.

1 Mettez 2 c. à soupe de raisins secs à tremper dans l'eau tiède pendant 30 minutes. Hachez les amandes.

Farinez légèrement les morceaux de viande et faites-les rissoler de toutes parts dans une cocotte avec 4-5 c. à soupe d'huile et l'ail écrasé. Mouillez-les avec un verre de vin, couvrez et laissez cuire 1 heure sur feu doux.

2 Éteignez et ajoutez un demi-verre de vinaigre dans lequel vous aurez délayé 2 c. à soupe de sucre. Amalgamez puis unissez les raisins bien essorés

*L'agneau et le mouton sont les vedettes de la cuisine du Maghreb et du Moyen-Orient. Parmi les innombrables recettes, en voici une exquise: le **kibbeth**. Mettez 250 g d'agneau haché à rissoler 15 minutes dans 4-5 c. à soupe d'huile. Ajoutez un oignon haché, une pincée de cannelle et de noix muscade, sel et poivre. Faites cuire 15 minutes et ajoutez une poignée de pignons dorés dans une goutte d'huile.*

La farce étant prête, préparez le kibbeth: lavez 250 g de boulghour, égouttez-le puis étalez-le sur un linge en une couche épaisse et laissez-le sécher 10 minutes. Mélangez-le ensuite avec 400 g d'agneau haché, un oignon râpé, sel et poivre. Si le mélange a tendance à coller, ajoutez une c. à café d'eau froide.

Beurrez bien un plat à gratin, étalez-y la moitié du kibbeth et lissez-le. Étalez une autre couche avec la farce et recouvrez-la avec le reste de kibbeth. Sur le dessus, faites des losanges avec une fourchette et parsemez le plat de noisettes de beurre. Glissez-le 45-50 minutes au four préchauffé à 180 °C. Servez bien chaud.

Fricassée de chevreau

Selle de chevreau en petits morceaux, 1 kg	2 oignons nouveaux	Farine
Jambon cuit (une tranche), 50 g	Un poivron rouge	Marjolaine et persil
4 artichauts violets	Le jus d'un citron	Vin blanc sec
	3 œufs	Huile d'olive

1 Émincez les oignons. Débarrassez le poivron de ses graines et ses cloisons et coupez-le en dés. Faites rissoler la viande dans une cocotte avec 3-4 c. à soupe d'huile, le jambon en lanières, les oignons et le persil haché.

3 Unissez les artichauts que vous aurez nettoyés, coupés en quartiers et pochés à l'eau salée. Faites cuire encore 30 minutes. Quelques minutes avant la fin de la cuisson, ajoutez le poivron coupé en dés.

2 Incorporez au fond de cuisson une c. à soupe de farine et laissez mijoter une dizaine de minutes. Mouillez avec un verre de vin, laissez-le s'évaporer sur feu vif, salez et poivrez. Couvrez le récipient, baissez et poursuivez la cuisson 30 minutes.

4 Retirez la cocotte du feu, laissez tiédir puis incorporez délicatement les jaunes d'œuf que vous aurez battus avec le jus de citron. Terminez avec une pincée de marjolaine et un beau brin de persil haché menu.

Civet de chevreau

N ettoyez les champignons puis émincez-les grossièrement. Pelez l'oignon et hachez-le. Faites revenir l'ail dans une cocotte avec 2-3 c. à soupe d'huile et, dès qu'il se colore, retirez-le. À sa place, mettez l'oignon et la poitrine découpée en dés. Au bout de 3-4 minutes, unissez la viande que vous aurez coupée en morceaux et faites-la rissoler de toutes parts. Mouillez avec un verre de vin et laissez-le s'évaporer. Ajoutez le coulis de tomate et un brin de persil haché, salez et poivrez. Couvrez le récipient et laissez mijoter 1 heure environ. Ajoutez les champignons et une poignée d'olives 20 minutes avant la fin de la cuisson.

20' | 1h 15' | 4

Selle (ou épaule) de chevreau , 1 kg
Un oignon
Une gousse d'ail
Coulis de tomate
Poitrine, 50 g (une seule tranche)
Champignons de Paris frais, 80 g
Olives noires
Persil
Vin rouge
Huile d'olive

Kcal 472 P 31 G 30

Agneau aux courgettes

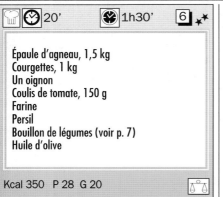

| 🍳 | 🕐 20' | | ❀ 1h30' | | 6 | ★★ |

Épaule d'agneau, 1,5 kg
Courgettes, 1 kg
Un oignon
Coulis de tomate, 150 g
Farine
Persil
Bouillon de légumes (voir p. 7)
Huile d'olive

Kcal 350 P 28 G 20

Pelez et hachez l'oignon. Découpez la viande en 6-8 morceaux, salez-la et farinez-la légèrement. Faites-la rissoler 6-7 minutes dans une cocotte avec 4-5 c. à soupe d'huile et l'oignon. Ajoutez le coulis de tomate, un brin de persil haché et une louche de bouillon. Mettez le couvercle, baissez et laissez mijoter 1 heure environ.

Entre-temps, lavez les courgettes et émincez-les grossièrement. Unissez-les à la viande aux deux tiers de sa cuisson. Mélangez, rectifiez l'assaisonnement et remettez le couvercle. Laissez cuire encore 20 minutes et servez.

Abbacchio

  20'   35' [4] ✦✦ Kcal 402 P 33 G 24

Gigots et selle d'agneau de lait (8-10 semaines) désossés, 1 kg	Romarin 2 gousses d'ail 4 filets d'anchois salés	Vinaigre Farine Saindoux (ou beurre)

1 Pour préparer ce plat traditionnel romain de Pâques, commencez par découper la viande en une douzaine de morceaux (pas trop gros) puis lavez-la sous l'eau courante.
Épongez-la bien et faites-la rissoler dans une cocotte avec une noix de saindoux (ou de beurre si vous préférez).

2 Une fois que la viande est bien saisie de toutes parts, ajoutez une branchette de romarin effeuillée, l'ail haché, sel et poivre.

3 Mélangez délicatement puis poudrez la viande avec une c. à soupe rase de farine. Quand la farine est dorée, mouillez avec une demi-verre de vinaigre et autant d'eau.

4 Remuez, baissez le feu sur minimum et faites cuire un quart d'heure.
Ajoutez les anchois émiettés et faites-les fondre tout doucement dans la sauce avec une cuiller en bois. Au bout de 2-3 minutes, éteignez. Servez la viande nappée de sauce avec des pommes de terre à l'eau.

Ragoût d'agneau au four

  30'   1h 15'   4 ⋆⋆   Kcal 471 P 34 G 18

Gigot (ou selle) d'agneau désossé, 1 kg Pommes de terre nouvelles, 500 g	3-4 tomates mûres Un oignon 2 carottes Estragon (frais ou sec)	Vin blanc sec Huile d'olive

1 Pelez l'oignon, émincez-le en fines lamelles puis mettez-le à fondre dans une cocotte avec 4-5 c. à soupe d'huile. Unissez la viande que vous aurez découpée en morceaux (pas trop gros).

3 Unissez les carottes en rondelles, les tomates que vous aurez pelées, épépinées et concassées, et un brin d'estragon effeuillé (ou une pincée d'estragon sec). Salez, poivrez et faites cuire une demi-heure.

2 Faites rissoler la viande sur feu doux en la retournant pour la saisir de toutes parts. Une fois qu'elle est bien dorée, mouillez-la avec un verre de vin et laissez-le s'évaporer sur feu vif.

4 Transférez le contenu de la cocotte dans un plat à four huilé. Ajoutez les pommes de terre, salez et poivrez. Glissez au four préchauffé à 180 °C et faites cuire une demi-heure en remuant de temps à autre.

Agneau aux poires

🍳⏱ 20'	⏲ 30'	4 ⭐⭐	Kcal 448 P 37 G 24	⚖
Viande d'agneau en petits morceaux, 800 g 4 poires fermes (Williams ou autres)	2 échalotes Fromage *pecorino* affiné 2 piments verts	Huile d'olive		

S aisissez la viande sur feu vif dans une cocotte avec 3-4 c. à soupe d'huile en la retournant pour que les morceaux se colorent de toutes parts.
Ajoutez les échalotes émincées et les piments bien nettoyés et coupés en rondelles.
Faites cuire une dizaine de minutes puis unissez

les poires, épluchées, débarrassées de leur cœur et coupées en dés. Salez, poivrez et poursuivez la cuisson une dizaine de minutes.
Dressez la viande dans un plat de service, poudrez-les de fromage râpé et décorez à votre goût.
Servez avec une belle salade verte.

Ragoût d'agneau au citron

🍳⏱ 15'+15'	⏲ 1h 35'	6 ⭐⭐	Kcal 376 P 32 G 18	⚖
Selle (ou gigot) d'agneau désossée, 1,5 kg Le jus de 2 citrons	Pommes de terre (jaunes de préférence), 600 g Persil	Bouillon de légumes (voir p. 7) Huile d'olive		

D écoupez la viande en morceaux pas trop gros puis frottez-la délicatement avec du sel et du poivre.
Laissez-la reposer un quart d'heure.
Mettez-la ensuite à rissoler dans une grande cocotte avec 4-5 c. à soupe d'huile, après quoi mouillez-la avec le jus de citron.

Ajoutez une louche de bouillon, salez et poivrez. Couvrez et faites cuire 1 heure environ à petit feu.
Épluchez les pommes de terre, coupez-les en petits morceaux et ajoutez-les à la viande.
Remettez le couvercle et poursuivez la cuisson une demi-heure, à petit feu toujours.

Une fois que la viande et les pommes de terre sont cuites, poudrez-les de persil haché et servez.

Si vous préférez, vous pouvez remplacer le jus de citron par du jus d'orange (ou les mélanger). De même, dans la recette précédente, vous pouvez mettre des pommes à la place des poires.

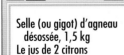

Sguazeto alla bechèra

Pelez l'oignon et hachez-le très fin. Faites-le fondre dans une cocotte avec l'ail écrasé et 3-4 c. à soupe d'huile. Unissez la poitrine découpée en dés et faites dorer le tout 2-3 minutes sur feu doux.

Ajoutez la viande préalablement découpée en morceaux pas trop petits, salez et poivrez. Unissez une pincée de cannelle et une louche de bouillon dans lequel vous aurez délayé une c. à café de concentré de tomate.

Couvrez le récipient et faites cuire une petite heure sur feu très doux. En fin de cuisson, augmentez le feu si nécessaire pour faire épaissir la sauce ou bien passez la cocotte quelques instants au four. Cette spécialité italienne se sert avec de la polenta.

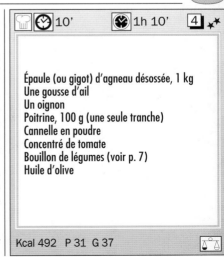

👨‍🍳 ⏱ 10'   ❊ 1h 10'   4 ⁎⁎

Épaule (ou gigot) d'agneau désossée, 1 kg
Une gousse d'ail
Un oignon
Poitrine, 100 g (une seule tranche)
Cannelle en poudre
Concentré de tomate
Bouillon de légumes (voir p. 7)
Huile d'olive

Kcal 492   P 31   G 37

Gratin aux fines herbes

| 🍳⏱ 25' | ⏰ 1h 15' | 4 ⭐⭐ | Kcal 386 P 33 G 18 | ⚖ |

Viande d'agneau, 700 g	Fines herbes	Bouillon de légumes (voir p. 7)
Pommes de terre, 400 g	(estragon, marjolaine,	Huile d'olive
2 oignons	persil, thym etc.)	

Pelez les oignons, coupez-les en rouelles. Épluchez les pommes de terre et coupez-les en tranches pas trop fines. Découpez la viande en tranches régulières.

Graissez un plat à four et disposez-y en couches alternées les pommes de terre et la viande en les par-semant de lamelles d'oignon, de fines herbes hachées, sel et poivre.

Mouillez avec du bouillon (3 ou 4 louches) de manière à couvrir la dernière couche.

Mettez le couvercle (ou couvrez avec du papier d'aluminium) et glissez le plat au four préchauffé à 220 °C.

Laissez cuire 1 heure et quart environ. Une fois cuit, poudrez de persil haché et servez.

Agneau au chou ▶

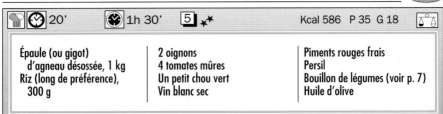

| 🍳⏱ 20' | ❋ 1h 30' | 5 ⭐ | | Kcal 586 P 35 G 18 | ⚖ |

| Épaule (ou gigot) d'agneau désossée, 1 kg Riz (long de préférence), 300 g | 2 oignons 4 tomates mûres Un petit chou vert Vin blanc sec | Piments rouges frais Persil Bouillon de légumes (voir p. 7) Huile d'olive |

Commencez par couper la viande en morceaux (pas trop gros). Nettoyez le chou et émincez-le en lamelles. Lavez, pelez, épépinez et passez les tomates au moulin à légumes. Épluchez les oignons et hachez-les menu. Faites rissoler la viande dans une cocotte avec 4-5 c. à soupe d'huile. Après quoi, ajoutez la moitié des oignons hachés, le chou et les piments épépinés et émiettés. Faites cuire 3-4 minutes. Unissez les tomates, salez et poivrez. Couvrez le récipient et laissez mijoter 1 heure environ. Entre-temps, préparez un riz pilaf: faites revenir le reste d'oignon dans une sauteuse avec de l'huile et ajoutez le riz. Quand il commence à "crépiter", mouillez-le avec un verre de vin et laissez-le s'évaporer. Faites cuire le riz en l'humectant de temps à autre avec du bouillon et salez-le. Dressez la viande sur un lit de riz et poudrez de persil haché.

Sauté d'agneau au soja

Voici une recette chinoise délicate et légère. Bien qu'en Extrême-Orient on préfère le porc et le poulet, dans certaines régions (comme le Sichuan) on prépare des plats à base d'agneau aussi délicieux qu'originaux.

Faites sauter la viande à la poêle avec 2-3 c. à soupe d'huile, 4 c. à soupe de sauce soja, une c. à café de sucre, une pointe de gingembre, l'ail haché et une pincée de sel. Laissez cuire 3 minutes sur feu doux en remuant sans arrêt. Après quoi, augmentez le feu, unissez les oignons finement hachés et les germes de soja et faites cuire 1 minute environ sur feu vif.
Servez immédiatement la viande chaude et croustillante avec du riz bouilli (un bol par personne).

| 👨‍🍳⏱ 10' ❋ 10' 4 ⭐ |

Épaule d'agneau désossée, en lanières, 450 g
4 oignons nouveaux
Germes de soja, 100 g
Une gousse d'ail
Gingembre en poudre
Sucre
Sauce soja foncée
Huile d'arachides

| Kcal 320 P 24 G 22 | ⚖ |

Couscous maison

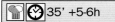 🍳⏱ 35' +5-6h ⏰ 1h 30' 4 ⋆⋆   Kcal 748 P 49 G 20

Viande d'agneau (ou de mouton) en petits morceaux, 750 g	3 oignons Pois chiches, 150 g Couscous précuit, 300 g	Un sachet de safran Raisins secs, 30 g Huile d'olive

1 Mettez les pois chiches à tremper 5-6 heures à l'avance puis égouttez-les. Jetez-les dans un faitout (ou dans la marmite du couscoussier) avec la viande, les oignons hachés assez fin, le safran, 3-4 c. à soupe d'huile, sel et poivre.

3 Versez le couscous dans un saladie et ajoutez une tasse d'eau chaude Laissez-le reposer 10-15 minutes Après quoi transférez-le dans le panie du couscoussier et posez le récipien sur le feu.

2 Versez dans le récipient ce qu'il faut d'eau légèrement salée pour couvrir la viande (2 litres), portez à ébullition et faites cuire 1 heure environ.
Mettez les raisins secs à gonfler dans un peu d'eau tiède.

4 Un quart d'heure avant la fin de la cuisson, ajoutez les raisins secs à la viande et mélangez. Renversez le réci pient contenant le couscous au-dessu d'un grand plat de service creux, dres sez la viande et sa sauce au milieu.

Régal du calife ▶

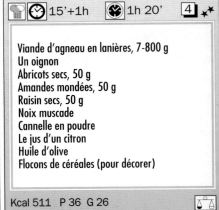

Concassez les abricots et les amandes. Mettez-les dans une terrine avec les raisins secs. Couvrez-les d'eau et laissez-les tremper une petite heure.

Hachez finement l'oignon et faites-le revenir sur feu doux dans une cocotte avec 3-4 c. à soupe d'huile. Ajoutez la viande et faites-la rissoler de toutes parts. Unissez une pincée de noix muscade, une demi-c. à café de cannelle, sel et poivre. Égouttez, essorez et réservez les fruits secs. Versez leur eau de trempage dans la cocotte ainsi que le jus de citron.

Mettez le couvercle et laissez cuire 1 heure, le temps que la viande devienne bien tendre. Ajoutez les fruits - et un peu d'eau au besoin - et laissez mijoter encore 15 minutes.

Servez avec des flocons de céréales que vous aurez fait tremper dans de l'eau chaude.

🍳⏱ 15'+1h   ❉ 1h 20'   4 ✦★

Viande d'agneau en lanières, 7-800 g
Un oignon
Abricots secs, 50 g
Amandes mondées, 50 g
Raisin secs, 50 g
Noix muscade
Cannelle en poudre
Le jus d'un citron
Huile d'olive
Flocons de céréales (pour décorer)

Kcal 511   P 36   G 26

Régal du sultan

🍳⏱ 25'   ❉ 1h 30'   4 ✦★   Kcal 486   P 41   G 24

| Épaule d'agneau (ou de mouton) en petits morceaux, 1 kg
Aubergines, 2 kg env.
2 tomates | Un oignon
Fromage de brebis mi-affiné
Farine
Laurier | Bouillon de légumes (voir p. 7)
Huile d'olive |

Hachez l'oignon, faites-le revenir dans une cocotte avec 4-5 c. à soupe d'huile. Unissez la viande, les tomates concassées, une feuille de laurier, sel et poivre. Mettez le couvercle et faites cuire 1 heure et demie à petit feu.

Entre-temps, mettez les aubergines sur une plaque à four et enfournez-les (180°C) une vingtaine de minutes. Laissez-les refroidir, pelez-les et écrasez-les à la fourchette.

Prenez une casserole, versez-y une goutte d'huile et mélangez-y 6-7 c. à soupe de farine. Petit à petit, incorporez-y 2 tasses de bouillon sur tout petit feu. Quand la sauce commence à frémir, amalgamez-y la purée d'aubergines. Faites cuire 7-8 minutes en tournant délicatement et en y incorporant une poignée de fromage en copeaux.

Dressez la viande dans un plat de service et servez-la avec son velouté d'aubergines.

Margog

🍴 ⏰ 30' ✸ 2h 25' 4 ✹✹ Kcal 872 P 42 G 40 ⚖

Épaule d'agneau, en petits morceaux, 700 g Pâte feuilletée, 250 g Courgettes, 300 g	3 tomates Un oignon Piment rouge en poudre Cardamome (graines)	Farine ou maïzena Bouillon de légumes (voir p. 7) Huile d'olive

1 Faites fondre l'oignon émincé dans une sauteuse avec 3-4 c. à soupe d'huile. Ajoutez la viande et faites-la rissoler 10 minutes avec une pincée de piment, une c. à café de graines de cardamome broyées, sel et poivre.

3 Juste avant la fin de la cuisson, unissez 2 c. à café de farine (ou de maïzena) délayée dans une goutte d'eau. Mélangez délicatement, laissez épaissir et éteignez. Transférez le tout dans un plat à gratin.

2 Unissez les courgettes en rondelles et les tomates en dés. Portez lentement à ébullition, couvrez le récipient et laissez mijoter 2 h environ. Abaissez la pâte sur une épaisseur de 5 mm et découpez-y des carrés de 2,5 cm de côté.

4 Disposez les carrés de pâte sur le dessus du plat et glissez-le au four préchauffé à 180 °C. Laissez gratiner 15 minutes. Portez immédiatement le *margog* à table et servez.

Gigot à la mode d'Arezzo

🍳⏱ 5'+2h	⏲ 1h	4 ★★		Kcal 289 P 30 G 18	⚖
Gigot d'agneau, 1,2 kg env. 2 gousses d'ail Romarin	Sauge Laurier Vinaigre		Huile d'olive		

Préparez une marinade dans une grande terrine avec: un verre d'huile, un petit verre de vinaigre, l'ail émincé en lamelles, une branchette de romarin effeuillée, quelques feuilles de sauge et de laurier, sel et poivre.
Piquez la viande avec une fourchette et plongez-la dans la marinade. Laissez-la macérer 2 heures en la retournant de temps en temps. Le moment venu, égouttez-la viande (conservez la marinade), mettez-la dans un plat à four bien huilé et glissez-la au four (160-180°C). Faites-la cuire une petite heure en la retournant souvent et en la

badigeonnant de temps à autre avec le jus de la marinade. Dressez le gigot dans un plat de service et garnissez-le de pommes de terre rôties (vous pouvez les cuire ensemble), décorez à votre goût. Dans la recette traditionnelle toscane, on cuit le gigot à la broche dans la cheminée; mais le résultat est excellent même comme ça.

Épaule d'agneau au four

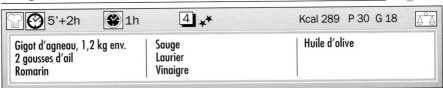

🍳⏱ 15'	⏲ 1h 45'	4 ★★

Épaule (ou gigot) d'agneau, 1 kg
4-5 pommes de terre
4 gousses d'ail
Menthe fraîche
Vin blanc sec
Huile d'olive

Kcal 507 P 36 G 18 ⚖

Épluchez les pommes de terre (choisissez-les jaunes de préférence) et coupez-les en morceaux. Pochez-les brièvement à l'eau bouillante salée.
Hachez finement l'ail et un brin de menthe puis, dans un bol, incorporez-y 3-4 c. à soupe d'huile, du sel et du poivre.
Mettez la viande dans un plat à four huilé, entourez-la de pommes de terre.

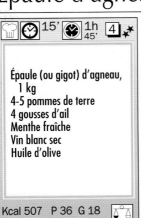

Étalez le hachis par-dessus en frottant la viande.
Glissez le plat au four préchauffé à 200 °C et faites cuire 10 minutes. Après quoi, réglez le four sur 140 °C et humectez la viande avec une bonne demi-tasse de vin blanc. Laissez cuire 1 bonne heure en arrosant l'épaule de temps en temps avec son jus.
Dressez la viande dans un plat garni de feuilles de salade et de lanières de poivrons rouges grillés au four puis débarrassés de leur peau et assaisonnés avec de l'huile, du sel et du poivre.

Gigot en papillote

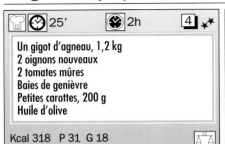

🍳 ⏱ 25'   ❄ 2h   4 ✦✦

Un gigot d'agneau, 1,2 kg
2 oignons nouveaux
2 tomates mûres
Baies de genièvre
Petites carottes, 200 g
Huile d'olive

Kcal 318   P 31   G 18   ⚖

Nettoyez les oignons et les tomates. Salez et poivrez le gigot après l'avoir bien huilé. Déposez-le sur une grande feuille de papier d'aluminium. Garnissez-le de rondelles d'oignon, de baies de genièvre et de rondelles de tomate. Disposez des carottes épluchées tout autour et fermez la papillote. Faites cuire au four (170 -180 °C) pendant 2 heures environ. Ouvrez la papillote à table, découpez la viande et servez.

Gigot aux myrtilles

Préparez un généreux hachis de thym, romarin et sel et frottez-en uniformément le gigot.
Après quoi, faites-le rissoler de toutes parts dans le beurre fondu, dans une grande cocotte.
Quand il est bien doré, arrosez le gigot avec deux louches de bouillon chaud et mettez-le dans un plat à four.
Enfournez-le 1 bonne heure à 200°C.
Pendant qu'il cuit, arrosez-le souvent avec son jus ou, au besoin, avec du bouillon.
Une dizaine de minutes avant la fin de la cuisson, enduisez le gigot de yaourt mélangé au jus de citron.
Attendez 5 minutes, mettez les myrtilles dans le plat et laissez cuire encore 5-6 minutes.
Dressez le gigot dans un plat

🍳⏱ 10'	⏲ 1h 15'	4 ⭐⭐

Un gigot d'agneau, 1,2 kg
Un yaourt nature
Le jus d'un citron
Myrtilles fraîches, 100 g
Thym et romarin
Bouillon de légumes (voir p. 7)
Beurre, 50 g

Kcal 325 P 32 G 17

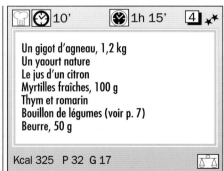

de service. Servez-le avec des pommes de terre bouillies et sa délicieuse sauce (après l'avoir filtrée, mettez-la dans une saucière et garnissez-la de myrtilles, comme ci-contre).

Gigot sauce à l'ail

🍴⏱50' 🕐1h 40' 4⃣ ✸✹ Kcal 428 P 36 G 27 ⚖

| Un gigot d'agneau, 1,5 kg
5-6 belles têtes d'ail
2 anchois salés | Sauge, persil, romarin et thym (un beau brin de chaque)
Farine, 40 g | Beurre, 30 g
Bouillon de légumes (voir p. 7)
Huile d'olive |

1 Lavez les anchois sous l'eau courante froide, séparez les filets et émiettez-les. Épluchez 3-4 gousses d'ail. Piquez le gigot à l'ail et avec des morceaux d'anchois.

3 Pochez les autres têtes d'ail entières dans le bouillon, passez-les au moulin à légumes. Mélangez l'ail, son eau de cuisson (réduite) et le fond de cuisson du gigot (filtré). Incorporez-y le beurre que vous aurez mélangé à la farine.

2 Enduisez le gigot d'huile puis frottez-le avec un hachis salé et poivré de romarin, sauge et thym. Après quoi, mettez-le dans un plat à four huilé et faites-le cuire 1 heure et quart au four à 200 °C.

4 Faites épaissir cette sauce sur feu doux en remuant. Hors du feu, unissez-y un brin de persil finement haché. Servez le gigot avec sa sauce et, comme garniture, des haricots verts.

Gigot à la cocotte

| 🍲⏱ 10' +5-6h | ❀ 2h 40' | 6 ★★ | | Kcal 300 P 33 G 15 | ⚖ |

| Un gigot d'agneau,
1,5 kg
Lard ou poitrine, 100 g | 4-5 tomates mûres
Un oignon
Poivre en grains | Persil, laurier et thym
Vinaigre |

Nettoyez les tomates et concassez-les. Salez le gigot et mettez-le dans une grande terrine.

Dans une casserole, mettez à chauffer un demi-litre d'eau additionnée de 3-4 c. à soupe de vinaigre, 2-3 feuilles de laurier, l'oignon entier, quelques grains de poivre, un brin de persil, une pincée de thym effeuillé. Éteignez dès l'ébullition et laissez tiédir. Versez ce bouillon sur la viande et faites-la mariner 5-6 heures au réfrigérateur en la retournant souvent. Le moment venu, égouttez le gigot et épongez-le (conservez la marinade). Prenez une grande cocotte et faites-y revenir le lard émincé dans une goutte d'eau. Ajoutez le gigot et saisissez-le de toutes parts (15-20 minutes) en le retournant souvent. Filtrez la marinade, mettez-en les parties solides dans la cocotte ainsi que 6-7 louches de jus de la marinade et les tomates. Portez à ébullition, couvrez et faites mijoter 2 heures. Une fois cuit, dressez le gigot dans un plat de service, nappez-le de sauce (que vous aurez réduite sur feu vif). Servez avec une salade de céleri et haricots blancs.

Gigot au thon

 20'   45'   4 ★★ Kcal 488 P 41 G 27

Un gigot d'agneau, 1,2 kg Ventrèche de thon à l'huile, 100 g Une carotte, un oignon, une branche de céleri	Coulis de tomate, 300 g Origan, persil Une gousse d'ail Bouillon de légumes (voir p. 7)	Vin blanc sec Huile d'olive Olives noires et filets d'anchois (pour décorer)

Nettoyez la carotte, l'oignon et le céleri, hachez-les et faites-les revenir dans une grande cocotte (en terre si possible) avec le thon en tranches fines ou émietté et 3-4 c. à soupe d'huile. Unissez le gigot et faites-le rissoler sur feu moyen avec l'ail écrasé, salez et poivrez.

Une fois que la viande est bien saisie, mouillez-la avec un verre de vin et laissez-le s'évaporer. Ajoutez alors le coulis de tomate, un brin de persil haché, un peu d'origan, 2-3 louches de bouillon et poursuivez la cuisson. Avant de servir le gigot, filtrez son fond de cuisson et nappez-le de cette sauce. Décorez avec les olives et les filets d'anchois.

Gigot à la pistache ▸

🍳 ⏱ 15'+2h	❄ 45'	6 ✦✦

Un gigot d'agneau, 1,5 kg
Menthe fraîche
Pistaches, 200 g
Poivre en grains
Vin blanc sec
Huile d'olive

Kcal 341 P 30 G 18

Hachez la menthe (gardez-en quelques feuilles pour décorer) et mélangez-la avec 4 c. à soupe d'huile et des grains de poivre. Mettez la viande dans la terrine et laissez-la reposer 2 heures en la retournant souvent. Mondez les pistaches et hachez-les. Mettez le gigot dans un plat à four et faites-le dorer au four (220 °C). Au bout de 15 minutes, retournez-le, arrosez-le avec un verre de vin, salez et poivrez. Laissez cuire encore une demi-heure. Présentez-le parsemé de pistaches et de menthe ciselée et avec des lanières de poivrons grillés et des pointes d'asperge citronnées.

Gigot à la moutarde

🍳 ⏱ 15'+2h	❄ 1h 20'	6 ✦✦

Un gigot d'agneau, 1,5 kg
2 oignons
Farine
Moutarde
Bouillon de légumes (voir p. 7)
Beurre, 30 g
Huile d'olive

Kcal 388 P 32 G 22

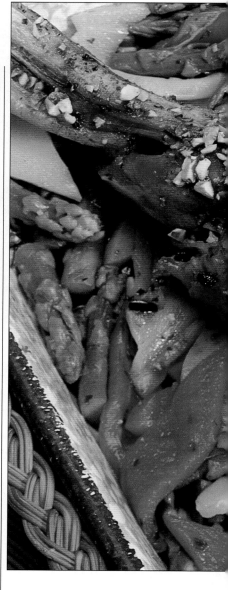

Salez et huilez le gigot puis enduisez-le uniformément de moutarde. Mettez-le dans un plat à four préchauffé à 220 °C. Au bout de 15-20 minutes, unissez les oi-

gnons émincés et 2 louches de bouillon. Réglez le four sur 180 °C et laissez la viande cuire 1 heure. Aux trois quarts de la cuisson, ajoutez le beurre que vous au-rez mélangé avec 1 c. à soupe de farine. Incorporez-le au fond de cuisson et lais-sez épaissir (au besoin, rajoutez du bouillon). Servez le gigot avec sa sauce.

Gigot farci

🍴🕐 25'	❀ 45'+40'	6 ⭐⭐		Kcal 432 P 33 G 23		

Un gigot d'agneau, 1,5 kg 24 olives noires en saumure 3 pommes de terre	2 piments verts frais 2 oignons nouveaux Câpres 2 gousses d'ail	Persil et romarin Huile d'olive

1 Faites fondre les oignons hachés dans une cocotte avec 3-4 c. à soupe d'huile. Après quoi, égouttez-les et réservez-les. Cuisez les pommes de terre à l'eau et épluchez-les. Mixez-les avec les câpres et un brin de persil.

3 Ajoutez à la farce les oignons que vous aviez réservés, le mélange de pommes de terre, du sel et du poivre. Préchauffez votre four à 200 °C.

2 Dans un bol, mettez l'ail haché menu, une branchette de romarin effeuillée, les olives dénoyautées et éminées et les piments émiettés. Amalgamez ce mélange.

4 Incisez le gigot jusqu'à l'os dans la longueur, d'un seul côté. Farcissezle et ficelez-le. Enduisez-le d'huile, salez-le et poivrez-le.
Faites-le cuire 40 minutes au four. Parsemez-le de romarin avant de le servir. Vous pouvez le présenter avec une piperade ou une ratatouille.

Selle Bourbon

Mettez les champignons à tremper dans un peu d'eau tiède 30 minutes à l'avance.
Coupez la poitrine en dés et faites-la revenir dans une goutte de bouillon dans un plat à four directement sur le feu (au besoin, interposez un diffuseur). Ajoutez la viande et saisissez-la de toutes part sur feu vif. Unissez l'ail et les échalotes émincés, l'aubergine en dés et les champignons essorés et émincés.

Glissez le plat au four préchauffé à 200 °C et faites cuire la viande 1 petite heure en l'arrosant souvent de son jus. À mi-cuisson, couvrez le plat (avec son couvercle ou du papier d'aluminium) pour que la viande ne dessèche pas.
Une fois qu'elle est cuite, dressez la viande et ses légumes dans un plat et parsemez-les généreusement de persil haché.

15' +30' **1h** 20' **4**

Selle ou baron d'agneau,
1 kg env.
Poitrine, 60 g
(une seule tranche)
4-5 échalotes
Une aubergine
4 gousses d'ail
Bolets secs, 50 g
Persil
Bouillon de légumes
(voir p. 7)

Kcal 337   P 39   G 13

Ragoût d'agneau au potiron

15'   **1h 40'**   **4**   Kcal 339   P 32   G 18

| Viande d'agneau en petits morceaux, 700 g
Potiron, 250 g
4 tomates mûres | 2 oignons
3 gousses d'ail
Un piment vert frais
Gingembre frais | Bouillon de légumes (voir p. 7)
Huile d'olive |

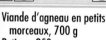

Épluchez le potiron et découpez-le en petits morceaux. Lavez les tomates et concassez-les.

Faites rissoler la viande dans une cocotte avec 3-4 c. à soupe d'huile, sur feu doux, salez et poivrez. Sortez la viande et mettez-la en attente au chaud.
Pelez les oignons et émincez-les finement, hachez menu l'ail, le piment et un petit morceau de gingembre. Transférez le tout dans la cocotte, ajoutez les tomates et laissez cuire 20 minutes. Ajoutez alors la viande et faites-la cuire 40 minutes environ sur feu doux en la retournant souvent. Mouillez avec 2 louches de bouillon et unissez le potiron. Laissez cuire 30 minutes. Une fois que la viande est bien tendre, servez ce ragoût original avec des pommes de terre et un légume vert.

Couronne à l'origan ▶

🍴⏱ 40' ✿ 2h 30' 4 ⋆⋆

Carré d'agneau, 1 kg env.
3-4 gousses d'ail
Poitrine en tranches, 100 g
Origan
Huile d'olive

Kcal 452 P 32 G 34 ⚖

Lavez le carré sous l'eau froide courante et épongez-le avec un linge propre. À l'aide d'un couteau pointu et bien aiguisé, découpez le carré de manière à dégager les côtes sans les séparer et laissez retomber la viande sur le côté (si l'opération vous semble trop difficile, demandez à votre boucher de le faire). Rapprochez les deux extrémités du carré pour lui donner la forme d'une "couronne", en tournant les côtes vers l'extérieur et en serrant la viande à l'intérieur. Piquez la viande en de nombreux endroits avec des demi-gousses d'ail que vous aurez passées dans un mélange de sel et de poivre. Salez et poivrez modérément la couronne puis enveloppez-la avec les tranches de poitrine. Ficelez le tout serré avec de la ficelle de cuisine. Déposez la couronne dans un plat à four avec un filet d'huile et un peu d'eau et poudrez-la d'origan. Faites-la cuire au four (160-180 °C) pendant 2 heures et demie. Dressez-la dans un plat de service avec, tout autour, des petits oignons cuits au four.

Côtelettes en papillote

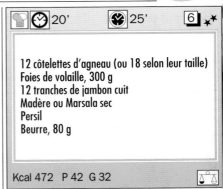

Dégraissez les côtelettes (ou demandez à votre boucher de le faire) et battez-les légèrement pour les aplatir.
Mettez le beurre à fondre dans la poêle et saisissez les côtelettes, 2 minutes de chaque côté. Sortez-les et, à leur place, mettez les foies (rincés sous l'eau courante froide et épongés) et faites-les sauter une minute ou deux; après quoi, mixez-les et réservez-les au chaud.
Pour les papillotes, découpez 4 carrés de papier sulfurisé suffisamment grands. Couvrez-les de tranches de jambon (étalées côte à côte); au milieu déposez deux côtelettes et un peu de foie arrosé de quelques gouttes de Madère. Salez, poivrez et parsemez de persil haché.
Fermez les papillotes en scellant bien

🗑⏱ 20' ✿ 25' 6 ⋆⋆

12 côtelettes d'agneau (ou 18 selon leur taille)
Foies de volaille, 300 g
12 tranches de jambon cuit
Madère ou Marsala sec
Persil
Beurre, 80 g

Kcal 472 P 42 G 32 ⚖

les extrémités, placez-les sur une plaque à four et enfournez-les 20 minutes à 200 °C. Ouvrez-les à table.

Côtelettes grillées

Rangez les côtelettes sur une grille, badigeonnez-les de saindoux fondu (ou d'huile d'olive), salez-les et poivrez-les. Faites-les griller sur la braise ou sous le gril du four.

Une fois que les côtelettes sont cuites d'un côté, retournez-les et faites-les griller de l'autre côté. Servez-les brûlantes avec une salade composée ou des frites.

Cette grillade sera bien meilleure si vous la faites au barbecue. Les côtelettes doivent se manger brûlantes, au fur et à mesure qu'elles sont cuites, et avec les mains, sans aucune hési-

tation: c'est là tout leur attrait. C'est une recette toute simple mais exquise, idéale pour un repas convivial en plein air.

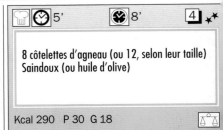

🍳 ⏱ 5' ❀ 8' 4 ★★

**8 côtelettes d'agneau (ou 12, selon leur taille)
Saindoux (ou huile d'olive)**

Kcal 290 P 30 G 18

Côtelettes au poivron

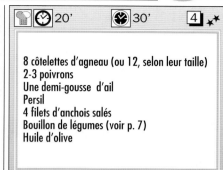

Faites griller les poivrons entiers sous le gril de votre four. Ensuite retirez leur peau, éliminez graines et nervures et coupez-les en lanières. Rangez-les dans le plat de service. Mettez les côtelettes à rissoler à la poêle avec 3-4 c. à soupe d'huile. Salez-les, poivrez-les et déposez-les sur les poivrons.

Allongez le fond de cuisson avec une louche de bouillon, unissez les filets d'anchois émiettés, l'ail et le persil hachés. Dès que la sauce commence à frémir, versez-la sur la viande. Si vous n'aimez pas les poivrons, vous pouvez les remplacer par d'autres légumes grillés.

20'   30'   4 ⋆⋆

8 côtelettes d'agneau (ou 12, selon leur taille)
2-3 poivrons
Une demi-gousse d'ail
Persil
4 filets d'anchois salés
Bouillon de légumes (voir p. 7)
Huile d'olive

Kcal 293   P 27   G 18

Côtelettes aux pointes d'asperges

  15'+2h 20' 4 ⋆★ Kcal 349 P 26 G 18

| 8 côtelettes d'agneau (ou 12, selon leur taille) Petites asperges vertes, 800 g-1 kg | Un citron Un brin de persil (pour garnir) Bouillon de légumes (voir p. 7) Huile d'olive | *Pour la sauce:* 2 poivrons |

1 Mettez les côtelettes dans une terrine avec de l'huile, du sel, du poivre et le zeste du citron. Laissez-les reposer 2 heures en les retournant plusieurs fois.

3 Faites sauter les pointes dans 2-3 c. à soupe d'huile. Ajoutez un peu de bouillon, sel et poivre et faites-les cuire.

2 Nettoyez les asperges et pochez-les debout dans une casserole adéquate. Égouttez-les et coupez leurs pointes.

4 Rissolez les côtelettes à la poêle avec 2-3 c. à soupe d'huile (6-7 minutes de chaque côté) en les arrosant de jus de citron. Servez-les avec les pointes d'asperges et la sauce ci-dessous.

Sauce au poivron: *grillez les poivrons, ôtez leur peau puis faites-les revenir à la poêle avec de l'ail et de l'huile, quelques rondelles d'oignon et une louche de bouillon. Mixez le tout, remettez sur le feu, ajoutez 2 feuilles de menthe et laissez réduire 2 minutes.*

Côtelettes panées

🍳⏱ 20'	✹ 20'	4 ★★	Kcal 595 P 30 G 40	⚖

8 côtelettes d'agneau (ou 12, selon leur taille) Un œuf	Chapelure, 150 g Un demi-oignon Parmesan râpé	Basilic Huile de friture

Versez la chapelure dans un plat, mélangez-y l'oignon et le basilic hachés, 2 c. à soupe de parmesan, une pincée de sel et de poivre.

Battez légèrement les côtelettes pour les aplatir, après quoi passez-les dans l'œuf battu puis dans la chapelure de manière à bien les paner des deux côtés.

Faites-les frire, deux par deux, à la poêle dans une grande huile pas trop chaude. Une fois qu'elles sont bien dorées des deux côtés, égouttez-les sur du papier absorbant. Salez-les modérément.

Au fur et à mesure qu'elles sont prêtes, rangez-les dans le plat de service que vous réserverez au chaud.

Servez-les aussitôt avec des aubergines grillées.

Côtelettes en sauce

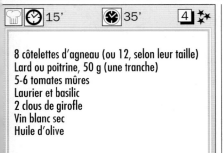

🍴 ⏱ 15' ✷ 35' 4 ✶✶

---

8 côtelettes d'agneau (ou 12, selon leur taille)
Lard ou poitrine, 50 g (une tranche)
5-6 tomates mûres
Laurier et basilic
2 clous de girofle
Vin blanc sec
Huile d'olive

Kcal 432 P 26 G 27

⚖

Découpez le lard en dés et faites-le dorer dans 4 c. à soupe d'huile. Ajoutez les côtelettes et faites-les rissoler des deux côtés. Mouillez-les avec un verre de vin, laissez-le s'évaporer. Unissez les tomates pelées et concassées, une feuille de laurier, un brin de basilic, les clous de girofle et du poivre. Couvrez le récipient et faites cuire 20 minutes sur feu doux. Une fois que les côtelettes sont cuites, filtrez leur fond de cuisson, faites-le réduire dans une petite casserole puis versez-le sur la viande. Servez avec des courgettes pochées et citronnées ou bien cuites à la tomate.

Côtelettes "croque-monsieur"

🕐 20'	25'	4 ★★	Kcal 650 P 46 G 41

8 côtelettes d'agneau (ou 12, selon leur taille) Fromage fondant (en tranches fines), 150 g	Tranches de jambon cuit, 100 g Farine Un œuf Chapelure	Beurre, 50 g Huile d'olive

B attez délicatement les côtelettes pour les aplatir, salez-les et farinez-les. Passez-les dans l'œuf battu puis dans la chapelure.
Faites-les rissoler dans une sauteuse avec 4-5 c. à soupe d'huile sur feu très doux, de façon à bien les dorer des deux côtés.

Salez-les avant de les retourner.
Une fois qu'elles sont cuites, rangez-les sur la plaque du four. Garnissez-les d'une tranche de jambon et d'une tranche de fromage et arrosez-les de quelques gouttes de beurre fondu. Glissez-les au four préchauffé à 180-

200 °C et faites-les cuire 4-5 minutes, le temps que le fromage fonde à moitié. Servez-les chaudes avec une salade.
Vous pouvez aussi désosser les côtelettes avant de les cuire mais, à notre avis, elles sont meilleures et plus esthétiques comme cela.

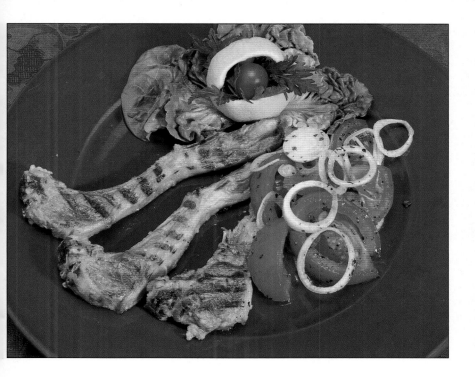

Côtelettes marinées

| 🍳⏱ 15'+2h | ⚙ 10' | 4 ✦✦ | Kcal 267 P 24 G 17 | ⚖ |

8 côtelettes d'agneau (ou 12, selon leur taille) Un demi-oignon	3 gousses d'ail Un bouquet de ciboulette 3 citrons	Huile d'olive

Pressez 2 citrons et recueillez leur jus dans une terrine. Incorporez-y un demi-verre d'huile en la versant petit à petit, le zeste finement râpé d'un citron, une pincée de sel et de poivre et un hachis réunissant l'oignon, l'ail et la ciboulette. Fouettez le tout au batteur de ma- nière à obtenir une émul- sion bien homogène.

Faites macérer les côte- lettes 2 heures dans cette marinade en les retour- nant de temps en temps. Après quoi, égouttez-les et grillez-les (5 minutes de chaque côté) sur la braise ou au four. Servez aussitôt avec des quartiers de ci- tron et une salade de to- mate et d'oignon nouveau.

Prater Schnitzel

🍖⏱40'+2h ❄25' 4 ⋆⋆ Kcal 490 P 38 G 28 ⚖

8 côtelettes d'agneau (ou 12, selon leur taille) 2 œufs 4 gousses d'ail	Farine et chapelure Sauge et romarin (un brin de chaque) Un citron	Beurre, 80 g Filets d'anchois salés et olives farcies (pour décorer) Huile d'olive

1 Mettez dans un saladier un hachis assez fin réunissant l'ail, le romarin et la sauge, sel et poivre. Ajoutez le jus d'un demi-citron et une c. à soupe d'huile, mélangez.
Plongez les côtelettes dans la marinade et laissez-les reposer 2 heures en les retournant de temps en temps.

3 Passez les côtelettes dans le mélange à l'œuf puis dans la chapelure, de manière à bien les paner des deux côtés.

2 Le moment venu, sortez les côtelettes de la marinade (conservez celle-ci), égouttez-les et passez-les dans la farine. Battez les œufs dans la marinade.

4 Faites-les dorer dans le beurre fondu puis déposez-les sur du papier absorbant. Servez-les avec des filets d'anchois enroulés autour d'une olive farcie. Le nom de cette recette est une invention, qui s'inspire des célèbres *Wiener Schnitzel*. Mais ce pourrait devenir une nouvelle spécialité.

Table des matières

Abbacchio	page	22
Agneau à l'aigre-douce	"	16
Agneau au chou	"	30
Agneau aux courgettes	"	21
Agneau aux poires	"	26
Cevapcici	"	8
Civet de chevreau	"	20
Côtelettes "croque-monsieur"	"	60
Côtelettes au poivron	"	55
Côtelettes aux pointes d'asperges	"	56
Côtelettes en papillote	"	52
Côtelettes en sauce	"	59
Côtelettes grillées	"	54
Côtelettes marinées	"	61
Côtelettes panées	"	58
Couronne à l'origan	"	52
Couscous maison	"	32
Épaule d'agneau au four	"	38
Friands à l'agneau	"	10
Fricassée de chevreau	"	18
Gigot à la cocotte	"	44
Gigot à la mode d'Arezzo	"	38
Gigot à la moutarde	"	46
Gigot à la pistache	"	46

Gigot au thon	page	45
Gigot aux myrtilles	"	41
Gigot en papillote	"	40
Gigot farci	"	49
Gigot sauce à l'ail	"	42
Gratin aux fines herbes	"	29
Kebab halabi	"	11
Margog	"	37
Pâtes à l'agneau	"	2
Pâtes fraîches à l'agneau	"	4
Prater Schnitzel	"	62
Ragoût aux tagliatelles	"	12
Ragoût d'agneau au citron	"	26
Ragoût d'agneau au four	"	25
Ragoût d'agneau au potiron	"	51
Régal du calife	"	34
Régal du sultan	"	34
Roulade farcie	"	15
Sauté d'agneau au soja	"	30
Selle Bourbon	"	51
Sguazeto alla bechèra	"	28
Shurba al-Imma	"	7
Sosaties	"	12
Soupe paysanne	"	7

50 RECETTES

L'AGNEAU ET LE CHEVREAU

Projet éditorial : Casa Editrice Bonechi
Directeur éditorial : Alberto Andreini
Concept et coordination : Paolo Piazzesi
Projet graphique : Maria Rosanna Malagrinò
Couverture : Andrea Agnorelli
Réalisation graphique : Marina Miele
Mise en pages PAO édition française :
Studio Grafico Vanni Berti
Rédaction : Chiara et Cristiana Berti
Traduction : Rose-Marie Olivier

*Toutes les recettes de ce volume ont été préparées
par l'équipe de nos cuisiniers.*
En cuisine : Lisa Mugnai, Valentina Brogi
Diététicien : Dr. John Luke Hili

Les photos, propriété des archives Bonechi, *ont été
réalisées par* Andrea Fantauzzo.

© 2003 by CASA EDITRICE BONECHI, Firenze - Italia
E-mail: bonechi@bonechi.it
Internet: www.bonechi.com

*Œuvre collective. Tous droits réservés. Aucune partie de
cette publication ne peut être reproduite, mémorisée ou
diffusée sous aucune forme ou par aucun moyen
électronique, chimique ou mécanique que ce soit,
y compris des photostats et des photocopies, ni tout autre
système dont cinéma, radio, télévision, ou de mise en
archives et de recherches d'informations, sans
l'autorisation écrite de la société d'édition.*

*La couverture, la mise en pages et les réalisations
des dessinateurs de la Casa Editrice Bonechi
dans cette publication sont protégées
par un copyright international.*

Imprimé en Italie par Centro Stampa Editoriale Bonechi.

ISBN 88-476-1334-5